www.ingramcontent.com/pod-product-compliance
Lightning Source LLC
Chambersburg PA
CBHW072141170526
45158CB00004BA/1464
* 9 7 8 1 0 9 1 3 7 1 7 7 4 *